Gestión de flotas y rutas: optimización

Editado por:
EDITORIAL FAE, S.L.U.
Correo electrónico: editorial@editorialfae.com

Gestión de flotas y rutas: optimización
Gema Magraner Fuentes

1ª Edición

Se ha puesto el máximo empeño en ofrecer al lector una información completa y precisa. Sin embargo, Editorial FAE, S.L.U. no asume ninguna responsabilidad derivada de su uso ni tampoco de cualquier violación de patentes ni otros derechos de terceras partes que pudieran ocurrir. Esta publicación tiene por objeto proporcionar unos conocimientos precisos y acreditados sobre el tema tratado. Su venta no supone para el editor ninguna forma de asistencia legal, administrativa o de ningún otro tipo.

ISBN: 978-84-1135-258-1

Impreso en España

Presentación

Ficha técnica del curso

El presente manual desarrolla el contenido teórico de la acción formativa "Gestión de flotas y rutas: optimización" incluida en FUNDAE con código COML0007 en la familia profesional de Comercio y Marketing y dentro del área profesional de "Logística comercial y gestión del transporte".

La acción formativa cuenta con una duración de 10 horas y su contenido está estructurado en tres unidades de aprendizaje que se distribuyen según lo expuesto en el siguiente índice.

Índice

U. A. 1. Conocimiento del departamento de tráfico y flota de transportes

U. A. 2. Planificación logística y sistemas telemáticos

EJERCICIOS DE AUTOEVALUACIÓN

U. A. 3. Conocimiento de la normativa social, costes y sistemas de apoyo

U. A. 1. Conocimiento del departamento de tráfico y flota de transportes

Introducción

El transporte por carretera se puede dividir en dos partes: el transporte de viajeros y el transporte de mercancías tanto a nivel nacional como internacional (a través de las importaciones y las exportaciones). Ambos son necesarios tanto para garantizar un desarrollo social y económico en nuestro país, como para alcanzar una mayor cohesión de todo el territorio.

Esta unidad de aprendizaje se centra en dar a conocer el funcionamiento del departamento de tráfico y la organización de la flota en el transporte por carretera.

Objetivos

- Aprender qué es una flota de transporte, los tipos que existen y su capacidad.
- Conocer la documentación necesaria para el transporte de mercancías por carretera.
- Aprender las funciones básicas del departamento de tráfico: organización y planificación del departamento.

1. Conocimiento de las funciones del departamento de tráfico

El objetivo de toda empresa es maximizar el beneficio con el menor coste posible. Cuando se hace referencia a una empresa de transportes, parte de este objetivo se puede llevar a cabo desde el departamento de tráfico.

Este departamento se encarga de conseguir que todo funcione correctamente a través de una gestión óptima del transporte tanto en el ámbito comercial como en el económico.

Por otro lado, se encarga de planificar y gestionar las rutas necesarias con el objetivo de conseguir una alta satisfacción del cliente, reduciendo al máximo los tiempos de llegada de pasajeros o entrega de mercancías.

Además de esto, en el caso de transporte de mercancías, se debe poseer control de los medios de transporte en el que son transportadas dichas mercancías, desde su punto de origen hasta el destino final, siempre dentro del marco jurídico nacional e internacional aplicable.

Para entender mejor la definición anterior, se deben conocer cada una de las funciones que caracterizan al departamento de tráfico en una empresa de transporte por carretera.

Fig. 1. El propósito principal de un plan de ruta es proporcionar una guía clara y organizada del viaje

Antes de desarrollar dichas funciones, se deben conocer algunos conceptos clave como:

- **Plan de ruta**. Conjunto de rutas que se obtiene a través de la optimización y que permite la entrega y/o recogida de órdenes de transporte respetando las limitaciones. La ruta se deriva del plan de ruta y corresponde a la actividad de un vehículo durante un periodo de tiempo determinado.
- **Limitaciones externas**. Requisitos que deben respetar los clientes, proveedores o prestadores de servicios, por ejemplo, horarios de apertura de los clientes, accesibilidad de la zona de entrega, disponibilidad de flotas de los prestatarios, etc.
- **Limitaciones internas**. Conjunto de parámetros que dependen de la actividad del negocio y que están vinculadas a los medios y a los recursos, por ejemplo, capacidad de los vehículos, horarios de apertura del almacén, incompatibilidad entre mercancías, etc.
- **Geocodificación**. Definir la posición de un punto por sus coordenadas postales. Su precisión determinara los resultados de todos los cálculos y la optimización de la ruta, la calidad del servicio y los resultados de explotación.

Una vez definidos estos conceptos, las funciones básicas del departamento de tráfico se pueden dividir en tres grupos.

- **Planificación de rutas y asignación de vehículos:** La principal función del departamento de tráfico es planificar las rutas para adaptar los transportes a realizar a la flota disponible en cada momento.

  En el caso del transporte de mercancías, cuando llegue el momento de realizar dicha elección se debe tener en cuenta, en primer lugar, el tipo de mercancía a transportar, ya que dependiendo de qué mercancía sea se deberá utilizar un medio de transporte u otro. Algunos ejemplos de mercancías que precisan de un medio de transporte especial son:
  - Mercancías peligrosas, ya que implican un riesgo por su composición al transportarlas.
  - Mercancías muy voluminosas.

- o Mercancías perecederas.
- o Transporte de animales.
- o Mercancía frágil.

- **Optimización de rutas:** A la hora de planificar las rutas se debe tener en cuenta el objetivo principal que es ofrecer un servicio óptimo al cliente reduciendo los tiempos de espera y los costes al mismo tiempo, consiguiendo un uso eficiente de los recursos y del tiempo empleado, y logrando así rutas más económicas.

Para todo ello, hay que apoyarse en la digitalización de procesos. En el caso de querer optimizar rutas de manera automatizada, existen diversas herramientas que ayudan con este proceso. Según SoftwareAdvice, los tres mejores optimizadores de rutas son:

- o **Telogis:** Si se trata de una mediana o gran empresa, ya que lo que más destaca de este software es el sistema GPS. Utiliza el agrupamiento espacial para dar una imagen completa de las ubicaciones de todos los vehículos en ruta, lo que permite a los gestores de flota ver miles de vehículos en una sola imagen.
- o **WorkWave Route Manager:** Su punto fuerte es la rapidez y la variedad de funcionalidades que tiene, incluyendo mapas, información exacta del kilometraje y estimación de costes.
- o **Linxup:** Es una buena opción para empresas más pequeñas ya que permite, desde la nube, llevar a cabo el seguimiento GPS de flotas de cualquier tamaño, facilitando detalles como la velocidad a la que viaja el vehículo u otros datos que se pueden obtener en tiempo real.

- **Mantenimiento de los vehículos:** Realizar un mantenimiento periódico de los vehículos asegurando su correcto funcionamiento es otra de las funciones del departamento de tráfico. Aquellos vehículos que circulen por la red vial pública deben cumplir con las disposiciones establecidas en la legislación de tráfico, como son las inspecciones técnicas periódicas.

Por ello, hay que garantizar que los vehículos sean aptos para la finalidad que emplean, estén diseñados teniendo en cuenta la seguridad y que se mantienen en un estado adecuado.

Algunos beneficios que se pueden obtener si se realiza un mantenimiento óptimo de los vehículos son:

o   Reducción en la siniestralidad, evitando de este modo el coste humano y el impacto emocional.

o   Reducción en los vehículos retirados de la circulación para efectuar reparaciones.

o   Menos pedidos perdidos debido a los accidentes o retrasos por averías en los vehículos.

o   Aumento de la eficiencia de consumo de los vehículos.

o   Mejora en la imagen de la empresa.

2. Creación del organigrama de una empresa de transportes

Las empresas, tanto de transportes como de otras áreas, están divididas en una serie de departamentos para conseguir una optimización de sus recursos y una mayor especialización de sus empleados.

En la siguiente imagen, se han establecido una serie puestos (lo más estandarizados posibles) para que se pueda entender el funcionamiento general de una empresa de transportes.

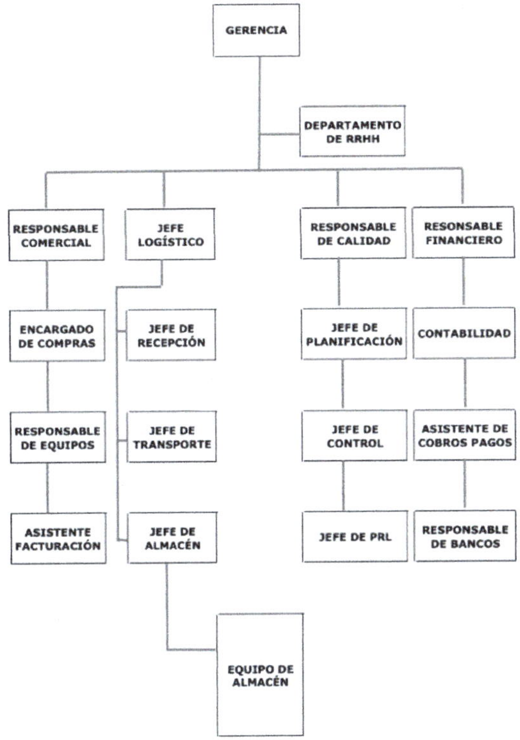

Fig. 2. Ejemplo de adaptación de organigrama de la empresa DHL

Hay que tener en cuenta que esta información puede variar según las necesidades de la empresa, ya que cada compañía tiene sus propias necesidades y particularidades.

3. Planificación de tareas

Una vez determinadas las funciones del departamento de tráfico y visto un ejemplo de organigrama de una empresa de transportes, es necesario concretar las tareas que se llevan a cabo en el mismo. Hay que tener en cuenta que la figura principal de este departamento que es el jefe de tráfico será quien asignará las tareas al resto del equipo para que todo funcione correctamente.

Por un lado, está distribuir los medios de transportes disponibles. El jefe de tráfico es quien dirige el equipo del departamento y debe coordinar la distribución de los vehículos disponibles.

Hay que tener en cuenta que esta información puede variar según las necesidades de la empresa, ya que cada compañía tiene sus propias necesidades y particularidades.

Respecto al control y validación de salidas de vehículos, este controlará la salida de vehículos y los validará para que inicien los servicios.

Por otro lado, está la asignación de medios de transporte disponibles para las rutas a realizar. El departamento valorará el vehículo más idóneo para cada servicio ya sea nacional o internacional.

El control de conductores, incluyendo documentación, horarios y descansos, es otra de las tareas de este departamento. El transporte de mercancías implica riesgo, así que por ley los conductores deben realizar descansos periódicos obligatorios dependiendo del tipo de mercancía y vehículo y que forman parte del plan de prevención de riesgos laborales de su puesto de trabajo.

Importante

El departamento de tráfico debe garantizar que se cumplen estrictamente estos descansos por parte de los conductores y que quedan debidamente documentados.

También, se debe llevar a cabo la planificación y organización de los horarios de los transportistas. Deben tener un sistema de control de horarios vía fichajes y cumplir una planificación horaria como cualquier empresa.

Además, se deberá velar por un correcto uso por parte de los trabajadores de los medios de transporte de la empresa. Estos son un activo muy importante para la empresa y su vida útil depende de entre otros factores del buen uso que se haga de ellos.

El departamento liderado por el jefe de tráfico también se encarga de llevar a cabo la realización de los pedidos de material, repuestos y combustible para el correcto desarrollo de los servicios.

Sobre gestionar el mantenimiento de los medios de transporte y documentarlo, los vehículos necesitan periódicamente realizar un mantenimiento. Esto no incluye solo la ITV, sino que existen otras revisiones que el fabricante define y que el departamento debe conocer y garantizar.

Tener todas las revisiones al día y bien documentadas es responsabilidad del departamento de tráfico. Además, una correcta gestión del mantenimiento de la flota alarga su vida útil y evita accidentes y averías que pueden ocasionar gastos para la empresa y accidentes laborales.

Ejemplo

¿Cómo definir un plan de mantenimiento para la flota de transporte?

- **Objetivos:** ¿Qué quiero obtener?
- **Presupuesto:** ¿Cuánto puedo gastar?
- **Inventario:** ¿Con qué activos cuento y cómo los organizo?
- **Operación:** ¿Cuál es el uso que le doy a mis unidades?

Otra tarea es la de definir la duración de los servicios. Una buena definición de la duración de los transportes puede ayudar a optimizar recursos y aumentar los beneficios para la empresa. El departamento de tráfico deberá estimar en base a su experiencia y apoyado por las herramientas informáticas disponibles e intentar afinar lo máximo posible.

También está la realización de análisis y planes de acción. El departamento deberá estudiar y analizar los servicios, documentar la información y buscar ejes de mejora para optimizar costes y aumentar los beneficios. Influyen muchos factores en el desarrollo del negocio y aplicar medidas correctoras de rutinas poco eficientes puede hacer mejorar los resultados exponencialmente. Por ejemplo, mejorar las rutas, estudiar si rutas alternativas o diferente distribución de las actuales puede ser más rentable. Sobre todo, en rutas internacionales el estudio y análisis puede ser muy importante.

Una vez analizada la información deberá documentar informes para que puedan ser evaluados por la dirección de la empresa. Y poder tener información comparable en el futuro.

Como todo departamento, deben desarrollar un plan de prevención de riesgos laborales y supervisarlo periódicamente. Identificar cualquier riesgo asociado y desarrollar planes de prevención para ejecutarlos y minimizar los riesgos. Además, se debe hacer seguimiento para garantizar que se cumple lo definido.

Por último, otras tareas que se pueden incluir son cualquiera que la dirección le asigne. El sector de transporte de mercancías está en permanente actualización por lo que el personal del departamento debe estar preparado para adaptarse a las variables que puedan surgir. Aquí, cabe señalar la actualización digital debido a que las herramientas digitales destinadas a su desarrollo evolucionan cada día.

Además, para una correcta planificación existen recursos muy útiles como el diagrama de Gantt, una herramienta gráfica cuyo objetivo es exponer el tiempo de dedicación previsto para las diferentes tareas a lo largo del tiempo total determinado.

4. Gestión de la flota de transporte

Una flota de transporte es un conjunto de vehículos cuyo objetivo es transportar mercancías o personas y que todos ellos pertenecen o tienen dependencia económica de la misma empresa.

La gestión de la flota de transporte es un proceso integral que implica la supervisión, coordinación y control de una flota de vehículos utilizados para diversas actividades, como la entrega de mercancías, transporte de pasajeros, servicios públicos, entre otros.

Para llevar a cabo la gestión de la flota de transporte de manera efectiva, algunas recomendaciones son:

- Seleccionar vehículos que se adapten a las necesidades específicas de la empresa o la operación.
- Considerar la eficiencia de combustible, la capacidad de carga, el mantenimiento y las características de seguridad.
- Desarrollar horarios y rutas eficientes para maximizar el uso de los vehículos.
- Utilizar herramientas de programación y software de gestión de flotas para optimizar las rutas y minimizar los costos operativos.
- Establecer un programa de mantenimiento preventivo para cada vehículo.
- Realizar inspecciones regulares y mantener registros precisos de mantenimiento para prevenir averías y aumentar la vida útil de los vehículos.
- Implementar prácticas y políticas para optimizar el consumo de combustible.
- Utilizar tarjetas de combustible y tecnologías de seguimiento para monitorear y controlar los costos de combustible.
- Utilizar sistemas de seguimiento por **GPS** y telemetría para monitorear la ubicación de los vehículos, el rendimiento del conductor y el estado de los vehículos en tiempo real.
- Establecer políticas de conducción segura y eficiente.
- Monitorear el comportamiento de los conductores y proporcionar retroalimentación para mejorar la seguridad y la eficiencia.

- Asegurarse de que todos los vehículos cumplan con las regulaciones locales y nacionales.
- Mantener registros precisos de la documentación necesaria, como licencias, permisos y registros de inspección.
- Obtener seguros adecuados para proteger contra posibles riesgos.
- Implementar programas de gestión de riesgos para reducir la probabilidad de accidentes y pérdidas.
- Llevar a cabo análisis periódicos de costos para identificar áreas de mejora.
- Optimizar el uso de los vehículos para reducir los costos operativos.
- Implementar sistemas de software de gestión de flotas para facilitar la supervisión y el análisis de datos.
- Utilizar tecnologías emergentes, como la inteligencia artificial y el aprendizaje automático, para mejorar la eficiencia operativa.

5. Identificación del tipo de flota y su dimensión

Se pueden diferenciar tres tipos de flotas de transporte si se atiende a su dimensión.

- **Flotas pequeñas:** En primer lugar, está este tipo de flotas las cuales suelen pertenecer a empresas familiares cuyo propietario es autónomo y los conductores son familiares o asalariados. No suelen tener más de 5 o 6 vehículos y prácticamente todo el trabajo lo suelen hacer para el mismo cliente o una gran empresa.

  En este tipo de flotas, el departamento de tráfico no tiene una gran relevancia, ya que el propietario de la empresa es el mayor responsable de toda la actividad realizable.

Fig. 3. La principal clasificación que se hace de las flotas es en función de su dimensión

- **Flotas medianas:** Una vez superan los 5 o 6 vehículos. Por lo general, suelen ser también pequeñas empresas familiares que han ido creciendo progresivamente como consecuencia de una gestión óptima y dirigiendo su negocio hacia nichos de mercado concretos o mercados en constante crecimiento. En estas empresas el número de vehículos suele oscilar entre 7 y 30, y ya disponen de una cartera de clientes mucho más amplia y operan en un ámbito tanto nacional como internacional.

El departamento de tráfico ya es más relevante que en el caso anterior, aunque suele seguir estando gestionado por una persona de confianza o perteneciente al equipo directivo. Una vez la empresa va creciendo y aumentando su flota de vehículos, suelen ir introduciendo nuevas funciones y departamentos tales como talleres de reparación, almacenes o depósitos de carburante propios.

- **Flotas grandes:** Por último, están las flotas grandes que superan los 30 vehículos. También pueden pertenecer a la propia empresa o estar subcontratados a particulares autónomos. Al ser tan grandes, puede ser necesario tener una o varias delegaciones en otros lugares del país, actuando de este modo como operadores logísticos distribuyendo a grandes marcas.

La mayoría no están especializados en un solo tipo de servicio como las flotas pequeñas, sino que suelen tener diferentes tipos de vehículos según el servicio de transporte deseado. Sin embargo, también es bastante común que las flotas de vehículos industriales de pasajeros como los autobuses o de mercancías están especializadas en un servicio concreto, con el objetivo de competir siendo más eficientes.

Un ejemplo sería el caso de servicios discrecionales o a demanda, así como en servicios regulares de corta o larga distancia en el caso de los autobuses o servicios de mercancías peligrosas, frigoríficos, cajas basculantes, cisternas o pescado si nos referimos a camiones.

6. Ubicación y capacidad de la flota

La definición del tamaño de la flota y su ubicación son claves para maximizar los beneficios de la empresa.

Contar con la tecnología más avanzada en geolocalización y registrar todos los movimientos de la flota, genera una base de datos muy valiosa para el análisis y la toma de decisiones. La inversión por parte de la empresa en este tipo de tecnología es una garantía de éxito.

Aumentar el volumen de la flota de forma exponencial no es la forma más eficiente de crecer para una empresa de transportes. La diferencia entre eficacia y eficiencia es, que mejorar la eficacia es mejorar en absoluto, por ejemplo, el número de servicios, sin tener en cuenta el coste para aumentarlos. En cambio, la eficiencia es mejorar los resultados netos, es decir, aumentar el número de transportes aumentando así los ingresos generados por parte de la empresa, pero reduciendo los costes asociados.

Está claro que si se compran más vehículos se van a poder realizar más servicios de transporte, lo difícil es realizar más servicios de transporte con menos vehículos. Ahí es donde se pone en valor el desarrollo de la gestión de la flota por parte del departamento de tráfico.

7. Documentación de vehículo

La documentación que no debe faltar en el vehículo para realizar un transporte legal de carga de mercancías es la siguiente:

- **Permiso de circulación:** Con este documento se acredita que el vehículo está matriculado. Es el documento de color verde donde aparecen los datos del vehículo y el titular de este, que no tiene por qué ser el conductor.

- **Ficha técnica de la ITV:** Para poder circular por carreteras nacionales, es imprescindible que todo vehículo haya superado con éxito la ITV (Inspección Técnica de Vehículos), que consiste en un trámite obligatorio para todo tipo de vehículos a motor que garantiza que el vehículo está homologado para circular por carreteras españolas. Estas fichas técnicas se obtienen en las estaciones de ITV autorizadas por la DGT (Dirección General de Tráfico).

- **Seguro del vehículo:** Este documento es un contrato que cubre los riesgos generados por la conducción de automóviles. Cabe destacar que será necesario estar al corriente de los pagos para que dicha documentación sea válida.

- **Autorización de transporte:** También conocidas como "tarjetas" de transporte, son obligatorias según la normativa vigente para prestar un servicio de transporte de mercancías o de viajeros. Estas tarjetas habilitan a los titulares para realizar su actividad en todo el territorio nacional.

- **Certificado de aprobación:** Se trata de un documento imprescindible para todos aquellos vehículos que determine el ADR. Este certificado acredita que el vehículo cumple todos los requisitos para transportar un tipo concreto de mercancía, especialmente mercancías potencialmente peligrosas. Dicho documento es expedido por el Ministerio de Industria.

8. Gestión de la documentación del conductor

El conductor del vehículo deberá llevar la siguiente documentación:

- Permiso de conducir en vigor adaptado al vehículo que esté transportando en cada momento.

- DNI o pasaporte en vigor.

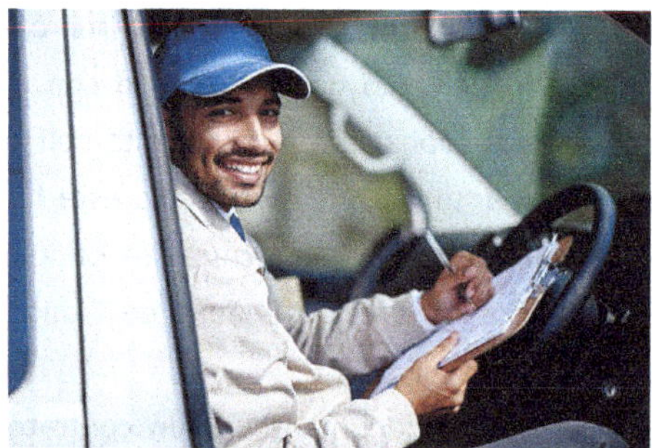

Fig. 4. La documentación del conductor debe ir acompañando la del vehículo

- Discos diagrama en caso de tacógrafo analógico y tarjeta digital del conductor en caso de tacógrafo digital. En el caso del analógico, los discos diagrama que debe poseer el transportista serán los del día en curso y los 28 días posteriores. Es importante mencionar, tal como se desarrollará posteriormente, que el tacógrafo analógico dejará de ser válido en el año 2024.

- Certificado de formación-autorización especial. Este solamente será necesario en el caso de estar transportando mercancías peligrosas. A través de este documento se demuestra que el conductor tiene la formación necesaria para transportar mercancías de este tipo.

Saber más

La carta de porte CMR se trata de un documento que firman tanto el cargador (vendedor de la mercancía) como el porteador (transportista), donde este último se compromete a transportar la carga desde el punto de origen hasta el lugar definido a cambio de un importe económico. No existe un modelo estandarizado para su cumplimentación, pero sí hay establecidos una serie de datos que deben constar en cualquier carta de porte:

- Nombre y dirección del cargador.
- Nombre y dirección del transportista.
- Lugar de origen de recogida y de destino de la mercancía.
- Naturaleza y peso de la mercancía transportada.
- Fecha de realización del transporte.
- Matrícula del vehículo.

El vendedor será el encargado de emitir la carta de porte. Cuando se entrega la mercancía al transportista, será éste quien firmará una copia que quedará en poder del vendedor como justificante de que la mercancía obra en poder del transportista hasta que la lleve a su destino. Cuando la mercancía llega a su destino final, el transportista presenta la carta de Porte al destinatario para que firme como que ha recibido las mercancías. Una copia se la quedará el destinatario, otra el transportista y el original de la carta de porte volverá al vendedor de la mercancía.

Resumen

En esta unidad de aprendizaje se ha definido qué es un departamento de tráfico y detallado las funciones generales de dicho departamento, transmitiendo la importancia de que no es suficiente con una correcta planificación, sino que se debe ir más allá e intentar optimizar los recursos lo máximo posible, reduciendo costes, pero sin olvidar ofrecer un servicio óptimo al cliente con una reducción en los tiempos de entrega.

A continuación, se ha hecho hincapié en lo imprescindible que resulta realizar un correcto mantenimiento de los vehículos cumpliendo con la normativa vigente.

Además, se ha expuesto un organigrama donde aparecen los principales cargos de un departamento de tráfico, donde cada persona debe tener su función específica con el objetivo de conseguir una mayor especialización.

Por otro lado, se ha analizado el concepto de flota de transporte, concretando en los tipos de flotas de transporte que se pueden encontrar según su dimensión (pequeña, mediana o grande), así como la documentación necesaria por parte del conductor y del vehículo para cumplir con la legislación actual y ofrecer un servicio de transporte lo más eficiente posible.

Glosario

Exportación

Venta de mercancías a nivel internacional.

Fichaje

Registro de entrada o de salida en un centro de trabajo. En el caso de transporte por carretera, se utiliza para tener un control de las horas de conducción y descanso de los transportistas.

Importación

Compra de mercancías a nivel internacional.

Mercancía

Todo aquello que se puede comprar o vender y que, por lo tanto, tiene cabida en el transporte por carretera.

Ruta

Camino realizado desde un punto de origen hasta un punto de destino. En el transporte por carretera, es muy útil para una correcta planificación diaria.

Ejercicios de autoevaluación

1. ¿Cuál es una función básica del departamento de tráfico?

a. Control de facturación de la empresa.

b. Planificar las rutas para adaptar los transportes a realizar a la flota disponible en cada momento.

c. Realizar tareas de inventario.

2. Aparecen limitaciones internas cuando:

a. El horario de apertura de un cliente no coincide con la previsión de llegada de una mercancía.

b. La zona de entrega no es accesible.

c. Existe incompatibilidad entre mercancías debido a la necesidad de utilizar diversos medios de transporte.

3. Telogis es un software de optimización de rutas de transporte adecuado a:

a. Medianas y grandes empresas.

b. Cualquier tipo de empresa.

c. Solamente para empresas pequeñas.

4. Uno de los beneficios de realizar un mantenimiento óptimo de los vehículos es:

a. Aumento en la eficiencia de consumo de los vehículos.

b. Reducción en la siniestralidad, evitando el coste humano y el impacto emocional.

c. Todas las respuestas anteriores son correctas.

5. El mayor responsable en un departamento logístico es:

    a. El jefe de transporte.

    b. El jefe logístico.

    c. El jefe de recepción.

6. El departamento de tráfico debe garantizar que se cumplen estrictamente los descansos estipulados por parte de los conductores.

    a. Falso, esto es función del departamento de Recursos Humanos.

    b. Verdadero.

    c. Falso, esto lo debe realizar la dirección de la empresa.

7. Respecto al plan de prevención de riesgos laborales:

    a. No es necesario en este caso.

    b. Lo elaborará un departamento externo y será general para toda la empresa.

    c. El departamento de tráfico debe tener un plan específico y hacer seguimiento periódico para que se cumpla lo definido.

8. Se puede considerar que una flota es mediana cuando:

    a. El número de vehículos va de 6 a 30.

    b. Superan los 4 vehículos.

    c. La flota va de 30 a 60 vehículos.

9. ¿Qué son servicios discrecionales de transporte?

    a. Secretos.

    b. A demanda del cliente.

    c. Ninguna de las respuestas anteriores es correcta.

10.La documentación necesaria para el conductor del vehículo es:

a. Permiso de conducir, DNI o pasaporte, tarjeta digital y certificado de formación-autorización especial en casos necesarios.
b. Permiso de conducir y discos diagrama.
c. Permiso de conducir y DNI.

U. A. 2. Planificación logística y sistemas telemáticos

Introducción

En esta unidad de aprendizaje se va a analizar la importancia de tener una buena planificación en la decisión de qué rutas de transporte son las más óptimas en cada momento. Para llevar a cabo esta tarea, es necesario saber realizar el cálculo de distancias según la ruta y tener nociones básicas de la red viaria española.

Por otro lado, se deben conocer los distintos sistemas telemáticos de control en la logística que hacen posible que se produzca un seguimiento exhaustivo de las mercancías.

Objetivos

- Conocer el funcionamiento de la planificación de rutas y cargas.
- Aprender a realizar cálculos de distancias.
- Comprender la geografía vial y la red viaria española.
- Conocer el funcionamiento de la logística de flotas y los diferentes sistemas telemáticos de control y planificación en la logística.

1. Planificación de rutas y cargas

La planificación de rutas supone una línea de inversión muy importante para las empresas de transporte. La empresa debe tener en cuenta este gasto en su cálculo de rentabilidad y garantizar que está obteniendo resultados. Debido a su alto coste, debe tenerse en cuenta para valorar el servicio que se presta e imputarlo a su precio final.

En la actualidad, existe un mercado totalmente globalizado y con gran cantidad de competidores, lo cual hace que los clientes de este tipo de servicio tengan un sinfín de alternativas si no reciben un servicio de calidad.

Servir un pedido tarde, incompleto, deteriorado, hace que se pierdan clientes. En cambio, si se planifican bien los servicios y se ejecutan correctamente la empresa no solo va a fidelizar clientes, sino que captará más clientes potenciales.

La planificación de rutas y cargas empieza mucho antes de que se cargue la mercancía. Ya sea un fabricante o un distribuidor el que va a realizar el servicio de transporte, la planificación empieza en el propio almacén logístico o al final de la línea de fabricación de la mercancía.

Es en la zona logística donde se prepara la mercancía, normalmente en palés, y se ordena según vaya a salir.

Fig. 1. En el almacén logístico es donde se prepara la mercancía

Es imprescindible tener en cuenta la volumetría del vehículo que se va a utilizar y dependiendo de la zona disponible para trabajar, se crean espacios iguales a la capacidad que tiene la flota.

Algunas pautas para llevar a cabo la planificación de rutas y cargas de manera efectiva son:

- Recolectar información detallada sobre los pedidos, destinos, volúmenes de carga y restricciones específicas.

- Utilizar sistemas de gestión de transporte para facilitar la planificación y programación de rutas. Estos sistemas suelen incorporar algoritmos avanzados para optimizar las rutas y minimizar costos.

- Analizar datos históricos para identificar patrones de demanda, tiempos de entrega y congestiones de tráfico. Esto ayuda a anticipar posibles desafíos y a mejorar la planificación.

- Utilizar algoritmos de optimización para diseñar rutas eficientes. Estos algoritmos consideran factores como la distancia, el tiempo de viaje, las restricciones de vehículos y las ventanas de entrega.

- Agrupar cargas similares o que van en la misma dirección para maximizar la eficiencia y reducir los costos de transporte.

- Establecer criterios claros para la priorización de entregas, teniendo en cuenta la urgencia de los pedidos y las expectativas del cliente.

- Coordinar la planificación de rutas con la gestión de inventarios para evitar problemas de falta de existencias o excedentes innecesarios.

- Utilizar tecnología de seguimiento en tiempo real para monitorear la ubicación de los vehículos y ajustar las rutas según sea necesario. Esto permite una respuesta rápida a cambios imprevistos.

- Establecer políticas claras para la gestión de conductores, promoviendo la eficiencia en la conducción y garantizando el cumplimiento de las normativas de seguridad.

- Ser adaptable a cambios repentinos, como condiciones meteorológicas adversas, cierres de carreteras o reprogramaciones de clientes.

- Capacitar al personal involucrado en la planificación de rutas y cargas sobre el uso efectivo de herramientas y sistemas, así como sobre las mejores prácticas de planificación logística.

- Realizar evaluaciones periódicas de la eficiencia del sistema de planificación y realizar ajustes según sea necesario para mejorar continuamente el rendimiento.

2. Realización del cálculo de distancias

Calcular el tiempo y la distancia para realizar cada ruta planificada es una de las claves del éxito del servicio. Si se consigue, se optimizarán los recursos disponibles, la eficiencia de los trayectos, los tiempos de entrega y los costos asociados. También es determinante para garantizar la satisfacción del cliente y fidelizarlo.

Algunos de los principales factores que se deben tener en cuenta en el cálculo son los siguientes:

- Kilómetros por recorrer.
- Tipo de vía.
- Velocidad media del vehículo.
- Tiempo para determinar los descansos a realizar.

Tal como se comentó en la unidad anterior, existe software para planificar rutas de transporte. Estas son más seguras y se pueden adaptar a las necesidades de cada empresa con desarrollos informáticos determinados por parte de las empresas que los implementan.

Estas herramientas aportan un ahorro de costes de un 15% aproximadamente comparado con el coste de otra empresa que no las utilice. Esto es debido a la optimización de la ruta, ya que se reducen kilómetros y tiempo empleado. Además, se mejora la satisfacción del cliente. Estas herramientas son muy completas y pueden adaptarse a planificaciones que las empresas no estén acostumbradas a realizar, rutas nacionales e internacionales.

Existen diversas formas de realizar estos cálculos, pero una de las maneras más comunes es utilizando:

- **Sistemas de información geográfica (SIG):** Herramientas como ArcGIS, QGIS o MapInfo permiten calcular distancias y optimizar rutas utilizando capas de mapas y análisis geoespacial.

- **Servicios de mapas en línea:** Proporcionan datos de distancia y tiempo de viaje entre ubicaciones. Se pueden utilizar servicios como Google Maps API, Bing Maps API o servicios similares que ofrecen funciones de cálculo de rutas y distancias.

Hay que tener en cuenta las restricciones del proveedor del servicio de mapas y la cantidad de solicitudes que se pueden hacer, ya que algunos servicios pueden tener límites o costos asociados. Además, los cálculos pueden variar según las condiciones de tráfico y otros factores externos.

3. Conocimiento de la geografía vial

La geografía vial es una rama de la geografía que se enfoca en el estudio y la descripción de las características físicas, espaciales y humanas de las redes viales y de transporte en una región específica. Este campo aborda aspectos relacionados con la planificación, diseño, construcción, mantenimiento y uso de carreteras, autopistas, calles y otros elementos de infraestructura vial.

La red vial se refiere a la infraestructura de carreteras y caminos que conectan diferentes lugares. Puede incluir autopistas, carreteras principales, calles urbanas, y caminos secundarios. Dentro de esta red, los sistemas de carreteras pueden clasificarse en autopistas (de alta velocidad y con acceso controlado), carreteras principales, carreteras secundarias y caminos locales.

Fig. 2. Una red vial es la disposición y organización de carreteras y caminos en una determinada área, ya sea a nivel local, regional o nacional

El desarrollo de nuevas carreteras o la mejora de las existentes es crucial para el crecimiento económico y la conectividad. Esto implica la planificación cuidadosa, el diseño y la construcción de infraestructuras viales. Además, la topografía y el terreno influyen en la planificación y diseño de carreteras. Las carreteras pueden seguir el contorno del terreno o incluir puentes y túneles para superar obstáculos naturales.

El tráfico también es un factor clave en la geografía vial que se debe conocer, ya que pueden existir congestiones urbanas, zonas de construcción, eventos especiales que afectan el flujo del tráfico.

Por otro lado, los mapas y sistemas de información geográfica son herramientas esenciales para comprender la geografía vial. Los SIG permiten analizar datos geoespaciales y optimizar rutas. Además, avances tecnológicos, como sistemas de navegación GPS, sensores inteligentes en carreteras, y vehículos autónomos, están influyendo en la forma en que se concibe y gestiona la geografía vial.

En lo que se refiere a la logística y el transporte, hay que diferenciar entre transportes de corta distancia y de larga distancia. La diferencia entre ambos radica en la extensión del viaje que realizan los vehículos de transporte:

- **Transporte de corta distancia:**
    - Se refiere a viajes de distancias relativamente cortas, generalmente dentro de una misma ciudad, área metropolitana o región cercana.
    - Suelen ser viajes de corta duración, con distancias que pueden variar, pero típicamente se completan en un día o menos.
    - Incluye modos de transporte como camiones pequeños, furgonetas, bicicletas de carga, y en algunos casos, transporte público local.
    - Utiliza la infraestructura urbana, como carreteras locales, calles y avenidas dentro de áreas urbanas.
    - Puede ser utilizado para la entrega de bienes a nivel local, distribución de mercancías entre almacenes cercanos, y transporte de personas dentro de la ciudad o área metropolitana.

- **Transporte de larga distancia:**
    - Implica viajes de distancias considerables, que pueden abarcar regiones extensas, países o incluso continentes.
    - Los viajes de larga distancia suelen requerir más tiempo y planificación, ya que implican distancias mayores y posiblemente pernoctaciones en el camino.
    - Incluye modos de transporte como camiones de larga distancia y transporte intercontinental.
    - Utiliza infraestructuras de transporte de larga distancia, como autopistas interestatales.

o Se utiliza para el transporte de bienes a largas distancias, la conexión entre regiones geográficas distantes, y el traslado de personas en viajes interurbanos o internacionales.

Como se ha mencionado, los transportes locales pueden ser de menor volumen y los nacionales de mayor volumen utilizando camiones con mayor capacidad y vías de transporte como autopistas y autovías con destinos en polígonos industriales bien dimensionados para que estos vehículos puedan maniobrar correctamente. Además, en el transporte nacional se cuenta con delegaciones que son las que luego se encargan de repartir al cliente final.

Respecto a transportes internacionales, se crean otras prácticas como el método de intercambio donde los transportistas se cambian el vehículo en un punto de la ruta determinado, o el método de relevo donde pueden intervenir para el mismo vehículo varios transportistas e ir alternándose para conducirlo.

4. Conocimiento acerca de la red viaria española

Según publica el Ministerio de Transportes y Movilidad Sostenible, la red de carreteras de España tiene, a 31 de diciembre de 2021, 165.375 kilómetros, de los cuales 26.459 km (Red de Carreteras del Estado, RCE; a 31 de diciembre de 2021) están administradas por este Ministerio y recogen el 52,5% del tráfico total y el 64,57% del tráfico pesado. Además, hay 71.145 km que están gestionados por las Comunidades Autónomas y soportan el 42% del tráfico, y 67.770 km por las Diputaciones (que suponen el 5,5% del tráfico restante).

Además de este viario, los ayuntamientos tienen a su cargo (según la última medición realizada con carácter oficial, que data de 1998) 489.698 km de los cuales 361.517 km son interurbanos. Finalmente, existen 11.355 km de viario dependiente de otros organismos. De esta gran cantidad de viario no existen mediciones de tráfico oficiales, pero su peso respecto al total es muy reducido (según estimaciones de la Dirección General de Carreteras no superarían en ningún caso el 10% del total del resto de la red).

De la totalidad de la red, 17.551 km son vías de gran capacidad (autopistas de peaje, autopistas libres, autovías y carreteras multicarril), de las cuales 12.165 km (a 31 de diciembre de 2021) pertenecen a la RCE.

5. Aplicación de la logística de la gestión de flotas

Como se ha comentado anteriormente, la planificación logística no empieza cuando sale la mercancía. En el almacén, el departamento logístico debe de tener en cuenta la planificación de las rutas que se van a llevar a cabo con la mercancía con el fin de obtener una correcta y eficiente gestión de la mercancía antes de que salga. El departamento de planificación define cómo agrupa la mercancía en la flota disponible, y el departamento logístico debe plasmar esta agrupación en la zona logística del almacén disponible.

Algunos aspectos clave a tener en cuenta para llevar a cabo la logística en la gestión de flotas son:

- Definir los objetivos logísticos de la gestión de flotas, como reducción de costos, mejora de la eficiencia operativa, cumplimiento de plazos de entrega, etc.

- Seleccionar vehículos que se adapten a las necesidades específicas de la operación, teniendo en cuenta la carga, la eficiencia de combustible y otros requisitos.

- Utilizar sistemas de software de gestión de flotas y tecnologías de telemetría para monitorear en tiempo real la ubicación de los vehículos, el rendimiento del motor, el consumo de combustible, entre otros.

- Utilizar software de planificación de rutas para optimizar los trayectos, minimizar distancias y tiempos de viaje, y reducir los costos operativos.

- Establecer un programa de mantenimiento preventivo para mantener los vehículos en condiciones óptimas. Realizar inspecciones regulares y llevar un registro detallado de los servicios.

- Coordinar la logística de carga, asegurándose de que los productos se carguen de manera eficiente y segura. Implementar un sistema de gestión de inventarios para evitar problemas de escasez o exceso de existencias.

- Implementar políticas de gestión de conductores que fomenten la seguridad, la eficiencia y el cumplimiento de las normativas de tráfico. Proporcionar capacitación continua y retroalimentación.

- Utilizar tecnologías de seguimiento en tiempo real para monitorear la ubicación y el estado de los vehículos. Esto permite una respuesta rápida a eventos inesperados o cambios en la programación.

- Asegurarse de que los vehículos cumplan con todas las regulaciones y normativas locales y nacionales. Mantener actualizada la documentación, como licencias, permisos y registros de inspección.

- Establecer protocolos para manejar incidentes y emergencias, como accidentes de tráfico o condiciones climáticas adversas.

- Analizar datos de rendimiento y eficiencia para identificar áreas de mejora. Utilizar la información recopilada para tomar decisiones informadas y optimizar la gestión de flotas.

- Establecer una comunicación efectiva con proveedores y clientes para coordinar entregas y recopilar retroalimentación sobre el rendimiento del servicio logístico.

Aunque no lo parezca, el tiempo de espera de la flota en los almacenes logísticos afecta mucho al tiempo total de la ruta planificada, ya que en ocasiones es muy significativo. Si se reduce, se va a conseguir ser mucho más eficiente y con ello se obtendrán mejores resultados.

En un almacén donde se puede tener espacio suficiente para optimizar el trabajo logístico se dibujaría en el suelo los metros cuadrados exactos que tiene cada vehículo de la flota y se ordenaría la mercancía antes de que salga en estos espacios creados. Esto ayudaría a que cuando lleguen los vehículos la carga sea mucho más rápida y se reduzcan los tiempos en el almacén. De esta manera, el vehículo puede salir antes de origen y llegar antes a destino.

6. Aplicación de los sistemas telemáticos de control y planificación

Los sistemas telemáticos de control y planificación de flotas y rutas permiten que los vehículos envíen información a las empresas. Se llevan utilizando mucho tiempo, pero se actualizan día a día, ofreciendo a las empresas cada vez más información. Con esta información la empresa debe nutrir bases de datos que apoyen a las herramientas de planificación de rutas en la toma de decisiones. Dicha información puede referirse a la existencia de una curva peligrosa, límite de velocidad, rutas alternativas, etc.

Otra de las funciones de estos sistemas es garantizar por parte de las empresas que los transportistas están cumpliendo los planes de descanso establecidos, las normas viales, las rutas establecidas, etc. Así, garantizan que la planificación se lleva a cabo y que se cumplen los planes de prevención de riesgos laborales por parte de los trabajadores.

Fig. 3. La digitalización de procesos en el sector logístico está en auge

Alguno de los sistemas más conocidos y utilizados en la actualidad son:

- El **GPS** (Global Positioning System o Sistema de posicionamiento global) que permite determinar la posición del vehículo con gran precisión.
- El **RFID** (Radio Frecuency Identification o Identificación por radiofrecuencia) que es un sistema de almacenamiento y recuperación de datos remoto que utiliza dispositivos similares a una pegatina que pueden ser adheridas a un producto, un animal o una persona. Esto es muy útil para conseguir la identificación a distancia de la mercancía sin necesidad de PDA (Personal Digital Assistant).

Resumen

En esta unidad se ha analizado la importancia de tener una buena planificación en la decisión de qué rutas de transporte son las más óptimas en cada momento.

Además, se han destacado algunos de los factores que se deben tener en cuenta a la hora de realizar el cálculo de rutas de transporte, como los kilómetros por recorrer, el tipo de vía, la velocidad media del vehículo o el tiempo para determinar los descansos a realizar.

Por otro lado, es fundamental tener conocimientos de geografía vial y del entramado de red viaria española para conocer, por ejemplo, la cantidad de kilómetros gestionados por el Ministerio y por las Comunidades Autónomas.

Por último, en la actualidad existen múltiples herramientas que pueden ayudar a tener un mayor control de la mercancía sin necesidad de utilizar la PDA. Una de las más destacadas es el sistema de radiofrecuencia RFID, muy útil para conseguir la identificación a distancia de la mercancía.

Glosario

Delegación

En el sector transporte se habla de delegación cuando la empresa dispone de varios almacenes en distintas ciudades y cuyo objetivo es optimizar las entregas.

Normas viales

Conjunto de reglas que determinan el modo de actuación de los conductores en el transporte terrestre.

PDA (Personal Digital Assistant)

Terminal de pequeño tamaño que, en el sector logístico, sirve para identificar las mercancías y gestionar correctamente la recepción de los pedidos en almacén.

Sistemas telemáticos

Sistemas que permiten, a través de la unión de la informática y la comunicación, obtener información fiable de manera digital.

Volumetría

Proceso que permite medir y determinar el volumen de la mercancía antes de ser cargada en el camión, con el objetivo de optimizar al máximo los espacios disponibles.

Ejercicios de autoevaluación

1. Servir un pedido tarde, incompleto o deteriorado podría tener como consecuencia:

a. Una pérdida de clientes.

b. Un servicio más completo.

c. Mayores ganancias.

2. Conjunto de reglas que determinan el modo de actuación de los conductores en el transporte terrestre:

a. Normas viales.

b. Sistemas telemáticos.

c. Semáforos.

3. ¿Qué sistema permite determinar la posición del vehículo con gran precisión?

a. GPS.

b. Radar.

c. RFID.

4. ¿Cuándo comienza la planificación de rutas y cargas en relación a la carga de la mercancía?

a. Comienza después de cargar la mercancía.

b. Comienza antes de cargar la mercancía.

c. Comienzan a la vez, tanto la planificación de rutas como la carga de mercancía.

5. Es el proceso que permite medir y determinar el volumen de la mercancía antes de ser cargada en el camión con el objetivo de optimizar al máximo los espacios disponibles:

   a. Digitalización.
   b. Sistematización.
   c. Volumetría.

6. Se trata de un terminal de pequeño tamaño que, en el sector logístico, sirve para identificar las mercancías y gestionar correctamente la recepción de los pedidos en almacén:

   a. Móvil.
   b. PDA.
   c. GPS.

7. ¿Cuál es uno de los factores que no se deben tener en cuenta en el cálculo de distancias?

   a. La velocidad máxima.
   b. Los kilómetros por recorrer.
   c. El tipo de vía.

8. ¿Qué permiten los sistemas telemáticos a los vehículos?

   a. Que envíen información a las empresas.
   b. Que envíen información a sus familiares.
   c. Que puedan comunicarse entre los conductores.

9. ¿Qué ocurre cuando se planifican correctamente los envíos?

   a. Se fidelizan clientes.
   b. Se pierden clientes.
   c. Los envíos llegan con retraso.

10.¿Qué factores se deben tener en cuenta al utilizar un servicio de mapas?

    a. La cantidad de solicitudes que se pueden hacer.

    b. Las restricciones del proveedor del servicio.

    c. El costo asociado al servicio.

U. A. 3. Conocimiento de la normativa social, costes y sistemas de apoyo

Introducción

En la actualidad, la principal normativa vigente de aplicación en el transporte por carretera es la Ley de Ordenación de Transporte Terrestre (LOTTT) y el Reglamento de Ordenación de Transporte Terrestre (ROTT). Aunque también se debe tener en cuenta la Ley orgánica 5/1987, donde se especifican las delegaciones en las CCAA.

En esta unidad de aprendizaje, se van a analizar los diferentes costes directos e indirectos que pueden afectar a una empresa de transportes, detectando aquellos sobre los que la empresa puede tener influencia y aquellos sobre los que simplemente tendrá que ser consciente para actuar en consecuencia.

Además, se debe tener en cuenta que la gestión de un plan de gestión de calidad que permita tanto a clientes como a trabajadores estar lo más satisfechos posible, contando con el apoyo de un plan de prevención de riesgos laborales adaptado a cada departamento.

Objetivos

- Analizar la normativa y los sistemas de regulación en el transporte por carretera.
- Identificar los costes asociados en la gestión de flotas y rutas.
- Analizar los diferentes sistemas de apoyo que influyen en la gestión de flotas y rutas de las empresas de transporte.

1. Conocimiento de la normativa social

Existen leyes, en el marco regulatorio nacional, que se encargan de regular la actividad del sector de los transportes y de establecer que deben las empresas conocer para aplicarla y no incumplirla, por su seguridad y para no recibir penalizaciones o multas por no cumplirla. Además, estas leyes están continuamente actualizándose vía reales decretos debido a que es un sector en continuo desarrollo.

En lo referente al transporte por carretera, existe una abundancia legislativa que, en ocasiones, es difícil de gestionar.

En líneas generales, la normativa reguladora de los transportes en España y sus actividades relacionadas se centran en controlar:

- La documentación de los transportistas y de que tengan todos los permisos en regla para realizar la actividad, así como los requisitos para obtenerlos y evitar la actividad clandestina.
- Las concesiones.
- Los pesos máximos autorizados.
- Los tacógrafos y evitar que se manipulen.
- Los tiempos de conducción y descanso.
- El transporte internacional y su normativa específica.
- El transporte escolar.
- Todos los controles con las C.C.A.A.

Para ello, la normativa fundamental que se utiliza y aplica es:

- **Ley 16/1987**, de 30 de julio de 1987, más conocida como la LOTT (Ley de Ordenación de Transportes Terrestres).
- **Ley orgánica 5/1987**, del 30 de julio de 1987, en la cual se especifica la delegación de competencias a las comunidades autónomas de la ordenación de los transportes terrestres.

- Nuevo Reglamento de Ordenación de Transportes Terrestres, **Real Decreto 70/2019**, de 15 de febrero, más conocido como ROTT, que modifica el antiguo reglamento.

2. Uso del aparato tacógrafo

El tacógrafo es un aparato que se instala en los vehículos y cuya función es registrar los datos acerca de la marcha del vehículo y algunas actividades del conductor como los kilómetros recorridos, la velocidad, la hora, las pausas realizadas, los periodos de descanso o los períodos de otros trabajos realizados por el conductor.

Existen dos tipos: el analógico y el digital. Actualmente, el más extendido es el tacógrafo digital, y el analógico dejará de ser válido en el año 2024.

Según esta normativa, desde 2006, los vehículos que tengan un peso superior a 3,5 toneladas o que puedan transportar a 9 o más personas, incluido el conductor, y que sean matriculados por primera vez, deben tener instalado el tacógrafo digital.

3. Gestión de los tiempos máximos de conducción y descanso

Según la normativa citada anteriormente, los transportistas deberán parar 45 minutos cada 4,5 horas, es decir, si conducen las 4,5 horas de forma continua deberán parar los 45 minutos de forma continua también.

Ahora bien, si durante las 4,5 horas ha descansado, esta pausa podrá sustituirse por dos pausas de, al menos, 15 minutos la primera y 30 minutos la segunda de forma intercalada en el periodo de conducción.

El tiempo máximo de conducción diario es de 9 horas. Aunque, dos veces a la semana este tiempo puede incrementarse en 1 hora más hasta las 10 horas.

Además, es importante resaltar que desde las 00:00 del lunes hasta las 23:59 del domingo no se podrán realizar más de 56 horas de conducción, y durante dos semanas seguidas no se podrá conducir más de 90 horas.

Fig. 1. Todos estos tiempos se regulan a través del uso del tacógrafo

4. Identificación de infracciones

Atendiendo a la legislación vigente, superar en un 50 % el tiempo máximo de conducción o la conducción sin descansar se considera falta muy grave y las multas van de los 3302€ a los 4600€.

Superar en un 20 % el tiempo máximo de conducción o la conducción sin descansar se considera falta grave y se penaliza con multas que van desde los 1500 € hasta los 2000€.

Por debajo del 20 % de exceso sobre los tiempos de conducción o de conducción sin descansar se considera falta leve y las multas van desde los 300€ hasta los 400€.

Además de las sanciones económicas, el vehículo es inmovilizado en la carretera hasta que se cumplan los tiempos máximos establecidos para garantizar la seguridad en el trabajo de los conductores en los casos de infracción grave o muy grave. En los casos de falta leve solo se inmovilizará el vehículo si faltan más de 30 km hasta el destino del transporte.

El proyecto de ley por el que se modifica la Ley 16/1987, de 30 de julio, de Ordenación de los Transportes Terrestres, en materia de infracciones relativas al arrendamiento de vehículos con conductor, llega al acuerdo de encomendar su aprobación con competencia legislativa plena, conforme al artículo 148 del Reglamento, a la Comisión de Transportes, Movilidad y Agenda Urbana. Asimismo, se publica en el Boletín Oficial de la s Cortes Generales, estableciendo plazo de enmiendas, por un período de quince días hábiles, que finaliza el día 17 de febrero de 2021.

5. Optimización de los costes

Para optimizar los costes, la empresa de transporte debe conocerlos bien y saber qué impacto tienen y si son o no influenciables y en qué nivel afecta a su actividad para influenciarlos. Algunas estrategias y prácticas que la empresa puede llevar a cabo para esta optimización son:

- **Planificación eficiente de rutas:** Utilizar software de gestión de flotas para planificar rutas óptimas, minimizando la distancia recorrida y maximizando la eficiencia de combustible.

- **Consolidación de cargas:** Agrupar múltiples envíos en un solo vehículo o viaje para reducir los costos de transporte por unidad y optimizar la capacidad de carga.

- **Mantenimiento preventivo:** Implementar programas de mantenimiento preventivo para mantener los vehículos en óptimas condiciones y evitar costosos tiempos de inactividad debido a averías.

- **Gestión de combustible:** Monitorizar y optimizar el consumo de combustible mediante la adopción de prácticas de conducción eficiente, uso de tarjetas de combustible y tecnologías de seguimiento de vehículos.

- **Inversión en tecnología:** Utilizar tecnología avanzada, como sistemas de gestión de flotas, telemática y GPS, para optimizar la planificación de rutas, la gestión de conductores y el seguimiento en tiempo real de los vehículos.

- **Negociación con proveedores:** Establecer relaciones sólidas con proveedores y negociar tarifas competitivas para servicios como mantenimiento de vehículos, combustible y seguros.

- **Gestión de inventarios:** Implementar sistemas de gestión de inventarios eficientes para minimizar los costos asociados con el almacenamiento y la manipulación de mercancías.

- **Formación y desarrollo de conductores:** Proporcionar capacitación continua a los conductores sobre técnicas de conducción eficiente, seguridad vial y cumplimiento de regulaciones, lo que puede ayudar a reducir el desgaste del vehículo y los costos de mantenimiento.

Al aplicar estas estrategias de manera efectiva, las empresas de transporte pueden reducir sus costos operativos, mejorar su rentabilidad y mantener una ventaja competitiva en el mercado.

6. Conocimiento acerca de los costes directos e indirectos

La principal diferencia entre los costes directos y los costes indirectos es que los directos son costes que dependen de los transportes que se realicen, como, por ejemplo, el combustible o los peajes, y los indirectos son costes que no son tan influenciables a corto plazo como, por ejemplo, la compra de camiones.

Dentro de los costes directos cabe señalar:

- **Combustible:** Dependiendo de los servicios que se realicen y otras variables que influyen como la planificación, el tipo de conducción o el vehículo empleado para el servicio, este coste es variable y se considera directo e influenciable.

- **Dietas:** Se trata de los gastos en manutención donde no solo se incluyen las comidas sino también las pernoctaciones en hoteles si las hubiera y otros gastos relacionados.

- **Consumibles:** Neumáticos, embragues, frenos y demás piezas mecánicas de los vehículos y que generan un desgaste por su uso, y en los que dependiendo del uso que se haga de los vehículos este desgaste será mayor o menor, y generará más o menos costes para la empresa.

- **Mantenimiento y reparaciones:** Los servicios prestados normalmente por talleres especializados para realizar las correspondientes revisiones periódicas que deben cumplimentar los vehículos y las reparaciones que se deben llevar a cabo.

Por otra parte, como costes indirectos lo más comunes son:

- **Amortizaciones:** Son los costes asociados a la compra de activos inmovilizados para la empresa como vehículos, naves industriales, oficinas, equipos informáticos, etc. Estos costes se van imputando anualmente según tablas de amortización relacionadas con la vida útil del activo.

- **Costes Financieros:** Las empresas habitualmente se endeudan para financiar sus inversiones en activos, estas financiaciones generan costes como intereses o comisiones.

- **Costes de personal:** Los salarios de los transportistas son uno de los costes más importantes para las empresas de transporte.

- **Seguros:** Los vehículos deben tener seguros en regla que anualmente son un coste elevado para una empresa de transporte.

7. Comprensión de la comparativa de costes

Teniendo en cuenta la información recogida en los anteriores epígrafes, los costes se pueden clasificar de tres formas:

- **Según su comportamiento.** Pueden ser fijos o variables, los primeros pueden ser amortizaciones o seguros, y los segundos pueden ser costes financieros, combustible o mantenimiento.

- **Según su imputación a los servicios.** Pueden ser directos o indirectos, como se ha visto anteriormente, los primeros son combustible y mantenimiento, y los segundos costes financieros y de personal.

- **Según el plazo.** Pueden ser a corto plazo como el combustible y a largo plazo como las amortizaciones.

Fig. 2. Una comparativa de costes ayudará a identificar oportunidades para reducir costos, mejorar la eficiencia y aumentar la rentabilidad

Una empresa de transporte puede llevar a cabo una comparativa de costos utilizando varios métodos y herramientas, por ejemplo:

- **Identificación de los costos relevantes:** Determinar los diferentes tipos de costos que están asociados con la operación de la empresa de transporte. Esto puede incluir costos directos, como combustible, mantenimiento de vehículos, salarios de conductores, así como costos indirectos, como seguros, depreciación de activos y costos administrativos.

- **Establecimiento de parámetros de comparación:** Definir los parámetros específicos que se utilizarán para comparar los costos entre diferentes alternativas. Esto podría incluir costos por kilómetro recorrido, costos por hora de servicio, costos por entrega, entre otros, dependiendo de la naturaleza de la operación de la empresa.

- **Recopilación de datos:** Recolectar datos detallados sobre los costos asociados con la operación de la empresa. Esto puede requerir la revisión de registros financieros, facturas de proveedores, recibos de gastos de operación y otros documentos relevantes.

- **Normalización de los datos:** Asegurarse de normalizar los datos para que sean comparables entre diferentes alternativas. Por ejemplo, si está comparando el costo de mantenimiento de vehículos, asegurarse de tener en cuenta el número de vehículos en la flota y el kilometraje promedio recorrido por vehículo.

- **Análisis comparativo:** Utilizar los datos recopilados para realizar un análisis comparativo entre diferentes alternativas. Esto puede implicar calcular los costos totales para cada alternativa y luego compararlos utilizando los parámetros establecidos anteriormente.

- **Identificación de áreas de mejora:** Identificar las áreas donde los costos son más altos o donde hay oportunidades para reducir costos. Esto puede incluir áreas como el mantenimiento de vehículos, la eficiencia de combustible, la gestión de la flota y la optimización de rutas.

- **Desarrollo de estrategias de mejora:** Desarrollar estrategias específicas para reducir los costos identificados como más altos o para mejorar la eficiencia en áreas específicas. Esto puede implicar la implementación de prácticas de mantenimiento preventivo, la adopción de tecnologías de gestión de flotas, la negociación de mejores tarifas con proveedores, entre otras medidas.

- **Seguimiento y evaluación continuos:** Realizar un seguimiento continuo de los costos y evaluar regularmente el impacto de las estrategias imp le mentadas. Realizar ajustes según sea necesario para garantizar que la empresa esté operando de la manera más rentable posible.

8. Aplicación de los sistemas de apoyo a la gestión

Existen en el mercado numerosos programas informáticos relacionados con el apoyo a la gestión. Dependiendo del tamaño y las posibilidades de la empresa, invertir en este tipo de software puede beneficiar enormemente ya que ayudan a mejorar la eficiencia, la seguridad y la rentabilidad de sus operaciones. Algunos sistemas comunes que una empresa de transporte podría utilizar son:

- **Sistema de Gestión de Flotas (FMS):** Este sistema proporciona funcionalidades para monitorear y administrar la flota de vehículos, incluyendo seguimiento GPS en tiempo real, gestión de conductores, programación de rutas, mantenimiento de vehículos y análisis de datos de rendimiento.

- **Sistema de Gestión de Transporte (TMS):** Un TMS se enfoca en la planificación y ejecución de la logística de transporte, incluyendo la asignación de recursos, la gestión de inventarios, la optimización de rutas, la programación de entregas y el seguimiento de la carga.

- **Sistema de Gestión de Almacén (WMS):** Este sistema se encarga de administrar las operaciones de almacén, incluyendo el seguimiento de inventario, la recepción y despacho de mercancías, la ubicación de productos y la gestión de órdenes.

- **Sistema de Gestión de Pedidos (OMS):** Un OMS se utiliza para administrar el proceso de pedidos, desde la captura inicial del pedido hasta la entrega final, incluyendo la verificación de inventario, la programación de entregas y la gestión de devoluciones.

- **Sistema de gestión de combustible:** Estos sistemas ayudan a monitorear y administrar el consumo de combustible de la flota de vehículos, lo que permite identificar patrones de uso, detectar desperdicios y optimizar la eficiencia de combustible.

- **Sistema de seguimiento de conductores:** Estos sistemas utilizan tecnología GPS y telemática para monitorear el comportamiento de los conductores, incluyendo la velocidad, las paradas, el tiempo de conducción y otros aspectos relacionados con la seguridad y la eficiencia.

La elección de estos sistemas específicos dependerá de las necesidades y los objetivos de la empresa, así como de la naturaleza de su actividad de transporte.

9. Actuación de recursos humanos

El departamento de Recursos Humanos (RRHH) en una empresa de transporte desempeña un papel fundamental en la gestión del capital humano y el cumplimiento de los objetivos organizacionales.

En primer lugar, se encarga de identificar, reclutar y contratar conductores, personal de mantenimiento, personal administrativo y otros empleados necesarios para las operaciones de transporte. Esto implica administrar todos los aspectos del ciclo de vida del empleado, desde la incorporación y la orientación hasta el desarrollo profesional, la evaluación del desempeño y la gestión del talento. Por otro lado, se encarga de procesar la nómina de los empleados, administrar los beneficios, como seguros de salud y planes de jubilación, y garantizar el cumplimiento de las regulaciones laborales y fiscales aplicables.

Fig. 3 Un análisis de datos de Recursos Humanos permite identificar áreas de mejora

Se deben establecer objetivos claros para los empleados, realizar evaluaciones periódicas del desempeño y proporcionar retroalimentación constructiva para mejorar el rendimiento individual y el rendimiento general del equipo. Esto incluye diseñar y ofrecer programas de formación y desarrollo para mejorar las habilidades y competencias de los empleados, incluyendo formación en seguridad vial, manejo de carga, y tecnología de la información.

Por otra parte, se debe garantizar un entorno de trabajo seguro y saludable para todos los empleados, implementando políticas y procedimientos de seguridad, proporcionando equipo de protección personal y cumpliendo con regulaciones de seguridad y salud ocupacional. Se puede incluir aquí la gestión de conflictos y relaciones laborales, resolver disputas laborales, mediar en conflictos entre empleados, y mantener relaciones positivas con los sindicatos y otros representantes de los trabajadores.

También, promover un ambiente de trabajo inclusivo y diverso, fomentando la igualdad de oportunidades y la equidad en el empleo, y ofreciendo programas de diversidad y capacitación en sensibilización.

Objetivo

Su objetivo es garantizar que la empresa cuente con el talento humano adecuado, bien entrenado y comprometido para cumplir con sus objetivos comerciales y operativos.

Por último, este departamento debe asegurarse de que la empresa cumpla con todas las leyes y regulaciones laborales aplicables, incluyendo leyes de empleo, normativas de seguridad vial, regulaciones de horas de servicio y requisitos de licencias.

10. Aplicación de los sistemas de calidad

Según AENOR, "Los motivos que llevan a la implantación de sistemas de gestión de calidad son los siguientes: aumentar o fidelizar clientes (28%); por motivos de organización del trabajo (22%); para mejorar su imagen (20%); para motivar al personal (16%); para aumentar beneficios (11%)".

Los sistemas de gestión de calidad miden la calidad del servicio, en tiempo y forma. Si se cumplen los plazos establecidos y la mercancía llega en óptimas condiciones y según lo previsto, se hablará de un servicio de calidad. Si de lo contrario no llega a tiempo o la mercancía se pierde o deteriora, no se estará cumpliendo con el servicio de calidad.

Una empresa logística puede aplicar un sistema de calidad mediante la implementación de un sistema de gestión de la calidad (SGC) que cumpla con los estándares reconocidos internacionalmente, como la norma ISO 9001. Para ello, algunos pasos clave que puede seguir para aplicar un sistema de calidad son:

- Comprometerse con la implementación y mantenimiento de un sistema de gestión de la calidad y proporcionar los recursos necesarios para su éxito.

- Identificar los procesos clave dentro de la empresa logística que afectan la calidad del servicio, como la gestión de inventario, la planificación de rutas, la gestión de almacenes, la gestión de transporte y la atención al cliente.

- Documentar los procedimientos y políticas para cada proceso identificado, asegurándose de que sean claros, comprensibles y aplicables a todas las áreas relevantes de la empresa.

- Establecer objetivos de calidad específicos, medibles, alcanzables, relevantes y oportunos (SMART) para cada proceso, que estén alineados con los objetivos generales de la empresa.

- Proporcionar capacitación y sensibilización a todos los empleados sobre los requisitos del sistema de gestión de la calidad, los procedimientos documentados y la importancia de su contribución a la calidad del servicio.

- Implementar procedimientos de control para monitorear y medir regularmente el desempeño de los procesos, incluyendo el uso de indicadores clave de rendimiento (KPI) para evaluar el cumplimiento de los objetivos de calidad.

- Establecer un proceso para identificar, reportar y corregir no conformidades en los procesos, productos o servicios, y tomar medidas correctivas y preventivas para evitar su recurrencia.

- Realizar auditorías internas periódicas para evaluar el cumplimiento del sistema de gestión de la calidad e identificar áreas de mejora.

- Realizar revisiones periódicas para evaluar el desempeño del sistema de gestión de la calidad, identificar oportunidades de mejora y garantizar su continua adecuación y efectividad.

- Obtener la certificación de conformidad con la norma ISO 9001 u otros estándares reconocidos por parte de un organismo de certificación externo, lo que demuestra el compromiso de la empresa con la calidad y puede aumentar la confianza de los clientes y partes interesadas.

La implementación exitosa de un sistema de gestión de la calidad en una empresa logística puede ayudar a mejorar la eficiencia operativa, reducir los costos, aumentar la satisfacción del cliente y mantener una ventaja competitiva en el mercado.

11. Prevención de riesgos laborales en el transporte

El sector del transporte por carretera es un sector donde existen gran cantidad de factores que propician situaciones de riesgo que pueden derivar en accidentes, por ejemplo:

- Los accidentes de vehículos son una de las causas más comunes y debería ser uno de los primeros factores a analizar.

- Las caídas de personas al mismo nivel debido a una falta de señalización o una iluminación insuficiente, sobre todo en los almacenes logísticos.

- Factores psicosociales que ocurren como consecuencia de una deficiente organización en el trabajo en las empresas y que tienen como consecuencia problemas de estrés o ansiedad en los trabajadores.

Por lo tanto, realizar un completo plan de Prevención de Riesgos Laborales es fundamental para garantizar la seguridad y el bienestar de los empleados, así como para cumplir con las regulaciones legales.

Fig. 4. Una adecuada formación en seguridad vial es fundamental para prevenir riesgos laborales

Algunas medidas que una empresa de transporte puede implementar para llevar a cabo la prevención de riesgos laborales son:

- Realizar una evaluación exhaustiva de los riesgos laborales específicos asociados con las actividades de transporte, incluyendo riesgos relacionados con la conducción, la manipulación de carga, el mantenimiento de vehículos, y las condiciones de trabajo en almacenes u oficinas.

- Proporcionar formación y capacitación regular a los empleados sobre los riesgos identificados y las medidas de seguridad y prevención asociadas. Esto incluye formación en seguridad vial, manejo seguro de mercancías, uso de equipos de protección personal, y procedimientos de emergencia.

- Suministrar y promover el uso adecuado de equipos de protección personal, como cascos, chalecos reflectantes, guantes, calzado de seguridad y protectores auditivos, según sea necesario para cada tarea.

- Establecer un programa de mantenimiento preventivo para garantizar que los vehículos estén en condiciones óptimas de funcionamiento. Esto incluye inspecciones regulares, revisiones periódicas de seguridad, y reparaciones oportunas de cualquier problema detectado.

- Implementar políticas y procedimientos para gestionar la fatiga y las horas de trabajo de los conductores, incluyendo límites de horas de conducción, pausas obligatorias y rotación de turnos.

- Establecer protocolos para el manejo seguro y la manipulación adecuada de sustancias peligrosas o materiales potencialmente peligrosos que puedan estar presentes en la carga transportada.

- Registrar y analizar todos los incidentes y accidentes laborales, incluyendo lesiones personales, daños a la propiedad y otras emergencias. Utilizar esta información para identificar tendencias, causas subyacentes y áreas de mejora.

- Desarrollar planes de emergencia y procedimientos de respuesta para situaciones como accidentes de tráfico, incendios, derrames de productos químicos y otras emergencias laborales. Capacitar a los empleados sobre cómo responder adecuadamente a estas situaciones.

- Fomentar la participación activa de los trabajadores en el proceso de prevención de riesgos laborales, involucrándolos en la identificación de riesgos, la implementación de medidas de control y la promoción de una cultura de seguridad en el lugar de trabajo.

- Realizar auditorías internas periódicas y evaluaciones de riesgos para garantizar el cumplimiento continuo de los estándares de seguridad y para identificar oportunidades de mejora en el sistema de prevención de riesgos laborales.

 **Importante**

Al implementar estas medidas y promover una cultura de seguridad en el lugar de trabajo, una empresa de transporte puede reducir significativamente los riesgos laborales y mejorar la seguridad y el bienestar de sus empleados. Además, el cumplimiento de las regulaciones de seguridad laboral puede ayudar a evitar sanciones legales y proteger la reputación de la empresa.

12. Conocimiento del medio ambiente y transporte

Según publica la Agencia Europea del Medioambiente, "El transporte desempeña un papel esencial en la sociedad y en la economía". Contar con un sistema de transporte eficiente y sostenible es clave para la calidad del medio ambiente.

La mayor parte de esta energía procede del petróleo, lo que significa que el transporte es responsable de una gran parte de las emisiones de gases de efecto invernadero de la UE y contribuye significativamente al cambio climático.

Por tanto, el transporte puede tener diversos impactos en el medio ambiente, tanto positivos como negativos. Respecto a los efectos negativos, cabe señalar:

- El transporte es una de las principales fuentes de emisiones de gases de efecto invernadero, como el dióxido de carbono (CO_2), el óxido de nitrógeno (NOx) y el metano (CH_4). Estos gases contribuyen al cambio climático y al calentamiento global.

- Las emisiones de escape de los vehículos, especialmente de los vehículos diésel, pueden contaminar el aire con partículas finas, óxidos de nitrógeno y otros contaminantes nocivos, lo que contribuye a problemas de calidad del aire y salud pública.

- El transporte, especialmente el tráfico de vehículos pesados y el transporte ferroviario, puede generar altos niveles de ruido, lo que afecta negativamente a la fauna silvestre y a la calidad de vida de las personas que viven cerca de las vías de transporte.

- El transporte requiere grandes cantidades de recursos naturales, como combustibles fósiles, agua y materiales para la construcción de infraestructuras, lo que puede contribuir a la sobreexplotación de recursos y la degradación del medio ambiente.

- La construcción de carreteras, ferrocarriles y otras infraestructuras de transporte puede fragmentar los hábitats naturales y afectar la conectividad ecológica, lo que puede tener efectos negativos en la biodiversidad y en la migración de especies.

- Los accidentes de transporte, como derrames de combustible de buques petroleros o camiones cisterna, pueden causar graves daños ambientales a los ecosistemas acuáticos y terrestres, contaminando el agua, el suelo y afectando a la vida silvestre.

- La construcción de infraestructuras de transporte, como carreteras y aeropuertos, puede llevar a cambios en el uso del suelo, incluyendo la deforestación, la pérdida de hábitats naturales y la conversión de áreas naturales en zonas urbanizadas.

Truco

Los coches, las furgonetas, los camiones y los autobuses producen más del 70 % de las emisiones totales de gases de efecto invernadero procedentes del transporte. El resto procede principalmente del transporte marítimo y aéreo.

Respectos a los impactos positivos, cabe señalar la utilización de tecnologías y prácticas más limpias y sostenibles, como el uso de vehículos eléctricos, el transporte público eficiente, el fomento del uso compartido de vehículos y la planificación urbana que prioriza el transporte sostenible.

En la siguiente imagen se puede apreciar la evolución en la intensidad media de emisión gases de efecto invernadero de los combustibles para el transporte por carretera en la UE (Fuente: Climate Watch Historical GHG Emissions. 2022. Washington, DC: World Resources Institute. Available online at: https://www.climatewatchdata.org/ ghg-emissions).

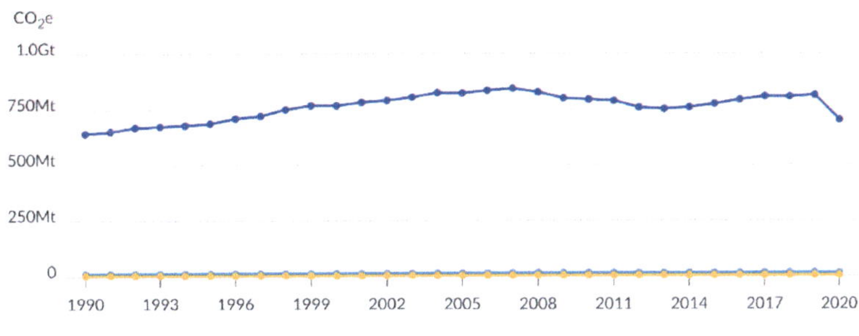

Historical GHG emissions
CLIMATEWATCH
Data source: Climate Watch; Location: European Union (27); Sectors/Subsectors: Transportation; Gases: All GHG; Calculation: Total;
Show data by Gases.
CO₂e
1.0Gt
750Mt
500Mt
250Mt
0
1990
1993
1996
1999
2002
2005
2008
2011
2014
2017
2020
CO2
N2O
CH4
F-Gas

Resumen

En esta unidad se ha analizado, en primer lugar, la normativa vigente en el transporte por carretera que incluye la Ley de Ordenación de Transporte Terrestre (LOTTT), el Reglamento de Ordenación de Transporte Terrestre (ROTT), y la Ley orgánica 5/1987, donde se especifican las delegaciones en las CCAA. Toda esta normativa permite a los profesionales del transporte por carretera tener un control óptimo de la documentación y los requerimientos necesarios para ofrecer un servicio de transporte de calidad. Además, esta normativa incluye regulaciones para el uso del tacógrafo digital, los tiempos de conducción y descanso, y las infracciones y sanciones que su incumplimiento lleva asociadas.

Por otro lado, una empresa logística debe tener un conocimiento amplio sobre los tipos de costes para poder aplicar medidas que los optimicen, y así mejorar su rentabilidad y mantener una ventaja competitiva en el mercado. Esto incluye los costes directos (combustible y mantenimiento) y los indirectos (gastos financieros y de personal).

Dentro de los costes indirectos se incluye la aplicación de sistemas de apoyo a la gestión, que mejoran la eficiencia, la seguridad y la rentabilidad de sus operaciones; y la actuación por parte del departamento de Recursos Humanos que debe garantizar que la empresa cuente con el talento humano adecuado, bien entrenado y comprometido para cumplir con sus objetivos comerciales y operativos.

Por último, la empresa de transportes también debe contar con un sistema de gestión de la calidad que cumpla con los estándares reconocidos internacionalmente, y un plan de Prevención de Riesgos Laborales que vele por la seguridad tanto de los trabajadores/as como de la propia empresa. Todo ello, aplicando medidas que procuren evitar lo máximo posible los impactos negativos que este sector produce en el medio ambiente.

Glosario

Concesión

En el sector del transporte, una concesión es un servicio otorgado a una empresa por parte de una administración pública.

Efecto invernadero

Subida de la temperatura de la atmósfera que se produce como consecuencia de la concentración de gases, principalmente dióxido de carbono.

Infracción

Incumplimiento de una normativa vigente.

Optimización

Referente a los costes, la optimización se refiere a obtener los menores costes posibles sin perder la calidad del servicio.

Unidad de carga

Unidad de almacenaje y transporte dispuesta sobre una caja, palé o un contenedor, cuyo objetivo es conseguir un mantenimiento eficiente de esta.

Ejercicios de autoevaluación

1. ¿Cuál es la función de un tacógrafo?

a. Registra algunas actividades del conductor como las pausas realizadas o los periodos de otros trabajos realizados por este.

b. Registrar los datos acerca de la marcha del vehículo.

c. Todas las respuestas anteriores son correctas.

2. El combustible es un coste:

a. Directo.

b. Indirecto.

c. Ninguna de las respuestas anteriores es correcta.

3. Los costes financieros son costes:

a. Directos.

b. Indirectos.

c. Ninguna de las respuestas anteriores es correcta.

4. ¿Qué son las amortizaciones?

a. Son costes asociados a la compra de un activo inmovilizado, el cual se va imputando en pagos periódicos.

b. Son los costes asociados a la compra de mercancía.

c. Son los intereses producidos después de un endeudamiento.

5. Para una comparativa de costes, estos se pueden clasificar:

a. Solo en directos o indirectos.

b. Según su comportamiento, su imputación a los servicios y el plazo.

c. Solo según su imputación a los servicios.

6. Uno de los riesgos más comunes a tener en cuenta en el sector del transporte es:

a. Inhalación de elementos perjudiciales para la salud.
b. Los accidentes de vehículos.
c. Malas prácticas en los lavados de cisternas o contenedores.

7. Los coches, las furgonetas, los camiones y los autobuses producen:

a. Más del 20% de las emisiones totales de gases de efecto invernadero procedentes del transporte.
b. Más del 40% de las emisiones totales de gases de efecto invernadero procedentes del transporte.
c. Más del 70% de las emisiones totales de gases de efecto invernadero procedentes del transporte.

8. ¿Cuáles son las principales regulaciones del transporte terrestre?

a. LOTT, ROTT y Ley orgánica 5/1987.
b. Ley orgánica 5/1987 y LOTT.
c. Ley 16/1987 y ROTT.

9. Algunos aspectos que se especifican y regulan en la normativa que regula la actividad del sector de los transportes:

a. El uso y control de los tacógrafos.
b. Los tiempos máximos de conducción y descanso.
c. Todas las respuestas anteriores son correctas.

10.¿Qué opción es la correcta respecto a los tiempos de conducción?

a. El tiempo máximo de conducción diario es de 9 horas. Dos veces a la semana este tiempo puede incrementarse en 1 hora más hasta las 10 horas.

b. El tiempo máximo de conducción diario es de 6 horas. Dos veces a la semana este tiempo puede incrementarse en 1 hora más hasta las 7 horas.

c. El tiempo máximo de conducción diario es de 7 horas. Dos veces a la semana este tiempo puede incrementarse en 1 hora más hasta las 8 horas.

Aplicaciones prácticas

Aplicación práctica 1. Planificación de tareas de una empresa de transportes

U. A. 1. Conocimiento del departamento de tráfico y flota de transportes

Imagina que trabajas como jefe o jefa de tráfico de una empresa de transportes. Elabora un diagrama de Gantt en el que se establezca una planificación de tareas que deberá seguir tu equipo durante el periodo de una semana de trabajo elegida al azar. A continuación, insértala como imagen en un documento Word y realiza una breve descripción de las tareas a realizar.

Aplicación práctica 2. Aplicación de sistemas de calidad

U. A. 3. Conocimiento de la normativa social, costes y sistemas de apoyo

Una empresa de transportes ha decidido implementar un sistema de calidad para mejorar la eficiencia de sus operaciones y garantizar la satisfacción del cliente. Para ello, va a aplicar los principios de calidad que establecen las normas ISO.

Busca en internet información sobre una empresa real de transportes y realiza un análisis que incluya los pasos que debería seguir esta para aplicar un sistema de calidad siguiendo los principios de la norma ISO.

Ejercicio de evaluación final

1. ¿Cuál es el objetivo principal al planificar las rutas?

   a. Reducir los tiempos de espera.

   b. Aumentar los costes.

   c. Mejorar la calidad del servicio.

2. ¿Quién valorará el vehículo más idóneo para cada servicio, ya sea nacional o internacional?

   a. El departamento de operaciones.

   b. El departamento de ventas.

   c. El departamento de marketing.

3. ¿Quién controlará y validará la salida de vehículos para que inicien los servicios?

   a. El departamento de transporte.

   b. El departamento de recursos humanos.

   c. El departamento de logística.

4. ¿Cuál es el objetivo de dividir las empresas en departamentos?

   a. Aumentar la competencia entre los empleados.

   b. Optimizar los recursos y especializar a los empleados.

   c. Reducir la comunicación entre los diferentes sectores.

5. ¿Cuál es el documento que acredita que el vehículo ha pasado la inspección técnica?

   a. Permiso de circulación.

   b. Ficha técnica de la ITV.

   c. Seguro del vehículo.

6. ¿Según SoftwareAdvice, cuáles son los tres mejores optimizadores de rutas?

   a. Google Maps, Waze, Apple Maps.

   b. MapQuest, Bing Maps, Here Maps.

   c. Telogis, WorkWave Route Manager, Linxup.

7. ¿Para qué se utiliza un PDA en el sector logístico?

   a. Identificar las mercancías y gestionar la recepción de pedidos en almacén.

   b. Realizar llamadas telefónicas.

   c. Enviar correos electrónicos.

8. ¿Dónde empieza la planificación de rutas y cargas?

   a. En la línea de fabricación.

   b. En el almacén logístico.

   c. En el punto de entrega.

9. ¿Cómo se crean los espacios para la flota de vehículos?

   a. Se crean espacios más pequeños que la capacidad de la flota.

   b. Se crean espacios iguales a la capacidad de la flota.

   c. No se crean espacios para la flota.

10.¿Qué es la volumetría?

    a. Proceso de carga de mercancía en el camión.

    b. Proceso de optimización de espacios en el camión.

    c. Proceso de medición del volumen de la mercancía.

11.¿Cuál es el objetivo de las normas viales?

    a. Determinar el modo de actuación de los conductores en el transporte acuático.

    b. Determinar el modo de actuación de los conductores en el transporte terrestre.

    c. Determinar el modo de actuación de los conductores en el transporte espacial.

12.¿Cuál es una de las herramientas más destacadas para la identificación a distancia de la mercancía?

    a. El sistema de radiofrecuencia RFID.

    b. La PDA.

    c. Sistemas de información geográfica (SIG).

13.¿Cuál es una de las maneras más comunes de realizar los cálculos de distancias?

    a. Sistemas de información geográfica (SIG).

    b. Servicios de mapas en línea.

    c. Todas las respuestas anteriores son correctas.

14.¿Qué es una concesión en el sector del transporte?

    a. Un contrato de arrendamiento de vehículos.

    b. Una subvención para empresas de transporte.

    c. Un servicio otorgado por una empresa a una administración pública.

15.¿Qué beneficios puede obtener una empresa de transporte al implementar medidas de seguridad laboral?

a. Reducir costos operativos.

b. Aumentar la productividad.

c. Mejorar la calidad del producto.

16.¿Cuánto tiempo deben parar los transportistas cada 4,5 horas de conducción continua?

a. 30 minutos.

b. 45 minutos.

c. 1 hora.

17.¿Cuál es la multa por debajo del 20% de exceso sobre los tiempos de conducción o de conducción sin descansar?

a. 400€.

b. 2000€.

c. 4600€.

18.¿Qué consideración se tiene si se supera en un 20% el tiempo máximo de conducción o la conducción sin descansar?

a. Falta muy grave.

b. Falta grave.

c. Falta leve.

19.¿Cuál es el tipo de tacógrafo más extendido en la actualidad?

a. Tacógrafo analógico.

b. Tacógrafo digital.

c. Tacógrafo mecánico.

20. ¿Cuál es una medida que una empresa de transporte puede implementar para llevar a cabo la prevención de riesgos laborales?

a. Realizar capacitaciones sobre seguridad vial.

b. Proporcionar uniformes de colores llamativos.

c. Ofrecer bonos por alta velocidad en la entrega de paquetes.

Solucionario

U. A. 1. Conocimiento del departamento de tráfico y flota de transportes

1. b	**6.** b
2. c	**7.** c
3. a	**8.** a
4. c	**9.** b
5. b	**10.** a

U. A. 2. Planificación logística y sistemas telemáticos

1. a	**6.** b
2. a	**7.** c
3. a	**8.** a
4. b	**9.** a
5. c	**10.** b

U. A. 3. Conocimiento de la normativa social, costes y sistemas de apoyo

1. c	**6.** b
2. a	**7.** c
3. b	**8.** a
4. a	**9.** c
5. b	**10.** a

Bibliografía

Monografías

ÁLVAREZ OCHOA, J. (2021): *Transporte internacional de mercancías (2.ª edición).* Ediciones Paraninfo, S.A.

La obra desarrolla temas como la historia y evolución del comercio internacional y otros aspectos comunes del transporte de mercancías; así como el transporte en todas sus modalidades. Se trata de un libro enfocado para profesionales, presentes y futuros, que necesitan actualizar sus conocimientos y su cualificación en varios campos, tanto para su puesto de trabajo como para estar preparados para la movilidad laboral.

Legislación

Ley 16/1987, de 30 de julio de 1987, de Ordenación de Transportes Terrestres.

Ley Orgánica 5/1987, del 30 de julio de 1987, de Delegación de Facultades del Estado en las Comunidades Autónomas en relación con los transportes por carretera y por cable.

Nuevo Reglamento de Ordenación de Transportes Terrestres, por el que se modifican el Reglamento de la Ley de Ordenación de los Transportes Terrestres y otras normas reglamentarias en materia de formación de los conductores de los vehículos de transporte por carretera, de documentos de control en relación con los transportes por carretera, de transporte sanitario por carretera, de transporte de mercancías peligrosas y del Comité Nacional del Transporte por Carretera.

Webgrafía

Catálogo y evolución de la red de carreteras | Ministerio de Transportes, Movilidad y Agenda Urbana

https://www.mitma.gob.es/carreteras/catalogo-y-evolucion-de-la-red-de-carreteras

Conducción | Ministerio de Transportes, Movilidad y Agenda Urbana

https://www.mitma.gob.es/transporte-terrestre/inspeccion-y-seguridad-en-eltransporte/tiempos-de-conduccion-y-descanso/conduccion/tiempos-de-conduccion